DIRECTION DES ROUTES, DE LA NAVIGATION ET DES MINES.

PORTS MARITIMES DE COMMERCE DE LA FRANCE ET DE L'ALGÉRIE.

Droits de tonnage et taxes diverses de navigation imposés aux navires
par application de l'article 4 de la loi du 19 mai 1866
et en vertu de lois spéciales.

DROITS DE TONNAGE ET TAXES DIVERSES DE NAVIGATION DANS LES PORTS FRANÇAIS ET ALGÉRIENS.

DÉSIGNATION des PORTS. 1	DATES des LOIS OU DÉCRETS autorisant la perception des droits. 2	DÉSIGNATION DES VILLES, départements ou chambres de commerce auxquels la perception est concédée. 3	QUOTITÉ DES DROITS par tonneau de jauge. 4	DÉSIGNATION DES CATÉGORIES DE NAVIRES frappés du droit de tonnage. 5	DÉSIGNATION DES CATÉGORIES DE NAVIRES exemptés du droit de tonnage. 6	OBSERVATIONS. 7
		FRANCE.		**I. — Droits de tonnage affectés aux travaux d'amélioration des ports.**		
Dunkerque...	Loi du 1er sept. 1884. Décret du 22 sept. 1888 et décret du 26 août 1890.	La ville de Dunkerque.	0f 54	Navires français et étrangers chargés ou venant prendre charge dans le port.	Navires français se livrant au petit cabotage entre les ports français ou à la navigation fluviale; les bâtiments armés à la grande et à la petite pêche ainsi que le matériel naval de l'État.	En vertu du décret du 22 septembre 1888, le droit de tonnage a été réduit de moitié pour les navires en provenance soit de l'étranger et des colonies françaises, soit d'un port français de la Méditerranée arrivant à Dunkerque, après avoir fait escale dans un autre port français de l'Océan ou de la Manche dans lequel ils auront déjà acquitté une taxe locale de tonnage.
	Décret du 26 août 1890.	La chambre de commerce de Dunkerque.	0 16	*Idem*..............	*Idem*..........	Le droit de tonnage est réduit de moitié pour les navires en provenance soit de l'étranger et des colonies françaises, soit d'un port français de la Méditerranée arrivant à Dunkerque, après avoir fait escale dans un autre port français de l'Océan ou de la Manche dans lequel ils auront déjà acquitté une taxe locale de tonnage.
Calais.......	Loi du 4 déc. 1888 et décrets des 7 mai 1889 et 6 août 1890.	La chambre de commerce de Calais.	Voir le tableau ci-contre.	Tout navire français ou étranger entrant chargé ou venant prendre charge à Calais.	Les navires appartenant à l'État ou employés à son service; les navires faisant simplement à Calais une opération de cabotage entre Calais et un port français autre que ceux de la Méditerranée; les navires affectés au pilotage et au remorquage; les navires et bateaux naviguant au bornage ou faisant la pêche côtière ou la navigation intérieure; les navires en relâche forcée quand ils n'auront fait dans le port aucune opération de commerce.	(see tariff below)

Tarif d'application de la loi du 4 décembre 1888, homologué par décrets des 7 mai 1889 et 6 août 1890.

Nos D'ORDRE des tarifs.	DÉSIGNATION DES DROITS ET CONDITIONS D'APPLICATION.	SOMME À PAYER par unité.
1	Pour tout navire qui n'est pas affecté à un service de voyageurs, ou qui, étant affecté à un service de voyageurs, a débarqué et embarqué à Calais, pendant le voyage considéré, des marchandises dont la quantité totale, évaluée en tonneaux d'affrètement, dépasse le dixième de la jauge légale du navire. Par tonneau de jauge légale..........	0f 30
2	Pour tout navire qui est affecté à un service de voyageurs et qui, d'ailleurs, n'a débarqué et embarqué à Calais, pendant le voyage considéré, qu'une quantité de marchandises qui, évaluée en tonneaux d'affrètement, est inférieure au dixième de la jauge légale du navire. Par tonneau de jauge légale..........	0 06
3	Pour tout voyageur embarqué ou débarqué à Calais par navires de mer...	1 75 (1)

Tout navire faisant escale à Calais, après avoir laissé ou avant de porter dans un autre port français où est établi un droit local de tonnage partie de sa cargaison provenant d'un port étranger ou pour continuer à Calais à destination de l'étranger son chargement commencé dans un autre port français, payera seulement les droits suivants, savoir :

Si le navire ne débarque et n'embarque qu'un nombre total de tonneaux d'affrètement au plus égal à la moitié du nombre de tonneaux de jauge correspondant à sa jauge légale, un quart du droit n° 1, c'est-à-dire.......... 0f 075

Si le navire ne débarque et n'embarque qu'un nombre de tonneaux d'affrètement ne dépassant pas les trois quarts du nombre de tonneaux de jauge correspondant à sa jauge légale, la moitié du droit n° 1, c'est-à-dire.......... 0 15

Si le navire débarque et embarque un nombre de tonneaux d'affrètement dépassant les trois quarts du nombre de tonneaux de jauge correspondant à sa jauge légale, le droit entier, c'est-à-dire.......... 0 30

(1) La taxe de 1 fr. 75 est abaissée à 0f 875 pour les voyageurs dits «excursionnistes» porteurs de billets d'aller et retour valables pour deux jours au plus, et voyageant soit par les paquebots des services réguliers, soit par paquebots spéciaux, sous la condition de se conformer aux mesures réglementaires qui auront été arrêtées dans le but de faciliter le contrôle.

DROITS DE TONNAGE ET TAXES DIVERSES DE NAVIGATION

DÉSIGNATION des PORTS. 1	DATES des LOIS OU DÉCRETS autorisant la perception des droits. 2	DÉSIGNATION DES VILLES, départements ou chambres de commerce auxquels la perception est concédée. 3	QUOTITÉ DES DROITS par tonneau de jauge. 4	DÉSIGNATION DES FRAPPÉS du droit de tonnage. 5
				I. — Droits de tonnage affectés aux travaux d'amé-
Boulogne.....	Loi du 4 déc. 1888 et décrets des 7 mai 1889, 9 juillet 1889 et 6 août 1890.	La chambre de commerce de Boulogne.	Voir le tableau ci-contre.	Tout navire français ou étranger venant faire des opérations de chargement, déchargement ou transbordement de marchandises, ou embarquer et débarquer des voyageurs soit au mouillage dans le périmètre du port extérieur, soit dans le port intérieur de Boulogne.

DANS LES PORTS FRANÇAIS ET ALGÉRIENS, (Suite.)

CATÉGORIES DE NAVIRES EXEMPTÉS du droit de tonnage. 6	OBSERVATIONS. 7
Les navires appartenant à l'État ou employés à son service; les navires faisant simplement à Boulogne une opération de cabotage entre Boulogne et un port français; les navires affectés au pilotage ou au remorquage; les navires et bateaux naviguant au bornage ou faisant la grande pêche ou la pêche côtière; les yachts et bateaux de plaisance; les navires en relâche forcée quand ils n'auront fait dans le port aucune opération de commerce.	lioration des ports. (Suite.)

Tarif d'application de la loi du 4 décembre 1888, homologué par décrets des 9 juillet 1889 et 6 août 1890.

Nᵒˢ D'ORDRE des tarifs.	DÉSIGNATION DES DROITS ET CONDITIONS D'APPLICATION.	SOMMES À PAYER par unité.
1	Pour tout navire qui n'est pas affecté à un service de voyageurs ou qui, étant affecté à un service de voyageurs, a débarqué et embarqué à Boulogne, pendant le voyage considéré, des marchandises dont la quantité totale, évaluée en tonneaux d'affrètement, dépasse le dixième de la jauge légale du navire (lorsque ce navire n'est pas employé pour un service régulier ayant au moins un départ de Boulogne par mois à jour fixe). Par tonneau de jauge légale...	0f 60
2	Pour tout navire qui n'est pas affecté à un service de voyageurs ou qui, étant affecté à un service de voyageurs, a débarqué et embarqué à Boulogne, pendant le voyage considéré, des marchandises dont la quantité totale, évaluée en tonneaux d'affrètement, dépasse le dixième de la jauge légale du navire (lorsque ce navire est employé pour un service régulier ayant au moins un départ de Boulogne par mois et à jour fixe) :	
	a) Pour chaque tonneau de jauge légale jusqu'à 1,200 tonneaux...........	0 60
	b) Pour chaque tonneau en plus de 1,200 et jusqu'à 1,500 tonneaux.......	0 25
	c) Pour chaque tonneau en plus de 1,500 et jusqu'à 2,000 tonneaux.......	0 20
	d) Pour chaque tonneau en plus de 2,000 et jusqu'à 2,500 tonneaux.......	0 15
	e) Pour chaque tonneau en plus de 2,500 tonneaux.....................	0 10
3	Pour tout navire qui n'est pas affecté à un service de voyageurs ou qui, étant affecté à un service de voyageurs, a débarqué et embarqué à Boulogne, pendant le voyage considéré, des marchandises dont la quantité totale, évaluée en tonneaux d'affrètement, dépasse le dixième de la jauge légale du navire (lorsque ce navire est employé pour un service régulier ayant au moins un départ de Boulogne par semaine et à jour fixe) :	
	a) Pour chaque tonneau de jauge légale et jusqu'à 1,000 tonneaux.......	0 45
	b) Pour chaque tonneau en plus de 1,200 et jusqu'à 1,500 tonneaux......	0 25
	c) Pour chaque tonneau en plus de 1,500 et jusqu'à 2,000 tonneaux......	0 20
	d) Pour chaque tonneau en plus de 2,000 et jusqu'à 2,500 tonneaux......	0 15
	e) Pour chaque tonneau en plus de 2,500 tonneaux....................	0 10
4	Pour tout navire affecté à un service de voyageurs et qui, d'ailleurs, n'a débarqué et embarqué à Boulogne, pendant le voyage considéré, qu'une quantité de marchandises qui, évaluée en tonneaux d'affrètement, est inférieure au dixième de la jauge légale du navire. Par tonneau de jauge légale...	0 10
	Droits applicables aux voyageurs embarqués par navires de mer.	
5	Voyageurs ordinaires non compris dans l'une des deux catégories désignées ci-après. Par voyageur embarqué ou débarqué.	1 75
6	Voyageurs dits «excursionnistes» porteurs de billets d'aller et retour valables pour deux jours au plus et voyageant soit par les paquebots des services réguliers, soit par paquebots spéciaux, sous la condition de se conformer aux mesures réglementaires qui auront été arrêtées dans le but de faciliter le contrôle. Par voyageur embarqué ou débarqué....................	0375
7	Voyageurs à destination ou en provenance des ports hors d'Europe qui auront justifié de la qualité d'émigrants par la production de leur contrat, dûment visé par le commissaire d'émigration. Par voyageur embarqué ou débarqué......	0 50

Tout navire faisant escale à Boulogne, soit pour y déposer une partie de sa cargaison venant de l'étranger après avoir commencé en avant de continuer son déchargement dans un autre port français où est établi un droit local de tonnage, soit pour y prendre une partie de sa cargaison à destination de l'étranger, après avoir commencé en avant de continuer son chargement dans un autre port français, payera les taxes suivantes:

Si le navire ne débarque et n'embarque qu'un nombre total de tonneaux d'affrètement au plus égal à la moitié du nombre de tonneaux de jauge correspondant à sa jauge légale, un quart du droit nᵒ 1, 2, 3 ou 4.

Si le navire ne débarque et n'embarque qu'un nombre de tonneaux d'affrètement ne dépassant pas les trois quarts du nombre de tonneaux de jauge correspondant à sa jauge légale, la moitié du droit nᵒ 1, 2, 3 ou 4.

Si le navire débarque et embarque un nombre de tonneaux d'affrètement dépassant les trois quarts du nombre de tonneaux de jauge correspondant à sa jauge légale, la totalité du droit nᵒ 1, 2, 3 ou 4.

DROITS DE TONNAGE ET TAXES DIVERSES DE NAVIGATION

DANS LES PORTS FRANÇAIS ET ALGÉRIENS. (Suite.)

I. — Droits de tonnage affectés aux travaux d'amélioration des ports. (Suite.)

DÉSIGNATION des ports. 1	DATES des lois ou décrets autorisant la perception des droits. 2	DÉSIGNATION des villes, départements ou chambres de commerce auxquels la perception est concédée. 3	QUOTITÉ des droits par tonneau de jauge. 4	DÉSIGNATION DES FRAPPÉS du droit de tonnage. 5	CATÉGORIES DE NAVIRES exemptés du droit de tonnage. 6	OBSERVATIONS. 7
Baie de Somme.	Décret du 25 août 1890.	La chambre de commerce d'Abbeville.	0f 40	Navires français ou étrangers entrant chargés ou venant prendre charge dans la baie de Somme, à l'exception du port du Crotoy.	1° Les navires en simple relâche lorsqu'ils ne feront aucune opération de commerce; 2° Les navires appartenant à l'État ou employés à son service; 3° Les navires affectés au pilotage ou au remorquage; les navires naviguant ou bornage ou faisant la pêche côtière ou la navigation intérieure; 4° Les navires faisant simplement le cabotage entre un port français et un port de la baie de Somme.	
Dieppe......	Décret du 22 octobre 1880. Décret du 21 août 1884. Lois des 3 septembre 1884 et 10 mars 1885. Décret du 27 juillet 1888.	La chambre de commerce de Dieppe	0 30 par tonneau de jauge et 1 fr. par voyageur.	Navires entrant dans le port, venant de la grande pêche, des colonies ou de l'étranger.	Navires en simple relâche, lorsqu'ils ne feront aucune opération de commerce.	Le droit est réduit de moitié pour les navires ayant fait ou devant faire escale dans un autre port français où est établi un droit local de tonnage, pour y effectuer le chargement ou le déchargement de marchandises à destination ou, en provenance de l'étranger ou des colonies françaises.
Fécamp......	Décret du 6 novembre 1880.	La chambre de commerce de Fécamp.	0f 50	Navires français ou étrangers, entrant chargés, ou venant prendre charge dans le port.	Bâtiments se livrant à la petite pêche ou au cabotage entre ports français; navires en relâche forcée ou en simple relâche, lorsqu'ils ne feront aucune opération de commerce; navires entrés et repartant sur lest; le matériel de l'État.	
	Décret du 10 avril 1885.	Idem.	0 25	Idem.	Idem.	Surtaxe de 0f 25 applicable, jusqu'au 1er mai 1895, à l'amortissement d'un emprunt de 350,000 francs destiné à permettre à la chambre de commerce de verser à l'État, par anticipation, les termes non encore exigibles de la subvention départementale.

I. — Droits de tonnage affectés aux travaux d'amélioration des ports. (Suite.)

DÉSIGNATION des PORTS.	DATES des LOIS OU DÉCRETS autorisant la perception des droits.	DÉSIGNATION des villes, départements ou chambres de commerce auxquels la perception est concédée.	QUOTITÉ DES DROITS par tonneau de jauge.	DÉSIGNATION DES FRAPPÉS du droit de tonnage.	CATÉGORIES DE NAVIRES EXEMPTÉS du droit de tonnage.	OBSERVATIONS.
1	2	3	4	5	6	7
Fécamp. (Suite)	Décret du 23 août 1889.	La chambre de commerce de Fécamp.	Voir l'observation ci-contre.	Navires français ou étrangers entrant chargés ou venant prendre charge dans le port.	Bâtiments se livrant à la petite pêche ou au cabotage entre ports français; navires en relâche forcée ou en simple relâche, lorsqu'ils ne feront aucune opération de commerce; navires entrés et repartant sur lest; le matériel de l'État.	Prorogation des taxes précédentes, la première d'une manière indéterminée, la seconde jusqu'au 1er mai 1910. Réduction de moitié du droit de tonnage de 0f 50 et de la surtaxe de 0f 25 en faveur des navires faisant escale à Fécamp, après avoir laissé ou avant de porter dans un autre port français, où est établi un droit local de tonnage, partie de leur cargaison provenant d'un port étranger ou pour continuer à Fécamp, à destination de l'étranger, un chargement commencé dans un autre port français où est établi un droit local de tonnage.
Le Havre....	Décrets des 2 août 1880, 13 novembre 1880 et 11 mars 1886. Loi du 22 mai 1886. Décret du 31 juillet 1888. Décret du 9 mai 1891. Décret du 17 juin 1891.	La chambre de commerce du Havre.	0f 55	Navires français et étrangers venant de tous pays.	Navires faisant le cabotage entre ports français; navires de tous pavillons entrés en relâche et repartant sans avoir fait d'opération de chargement, déchargement ou transbordement; navires entrés et repartant sur lest.	Droit réduit à 0f 30 pour les navires de tous pavillons chargés de céréales, de houille, bois de sapin, ou de glaces, en totalité ou dans la proportion de plus de 9/10. Les droits de tonnage de 0f 55 et de 0f 30 par tonneau de jauge sont réduits de moitié pour tout navire faisant escale au Havre, soit après avoir laissé ou avant de porter dans un autre port français, où existe un droit local de tonnage, partie de sa cargaison provenant d'un port étranger, soit pour continuer au Havre, à destination de l'étranger, son chargement commencé dans un autre port français où est établi un droit local de tonnage. La même réduction de moitié est accordée aux navires entrant au Havre et se rendant à Harfleur par le canal de Tancarville.
Rouen......	Loi du 14 décembre 1875. Décret du 26 avril 1883. Loi du 11 mars 1885. Loi du 20 juillet 1887. Décret du 1er octobre 1891.	La chambre de commerce de Rouen.	0 55	Navires à voiles ou à vapeur venant du long cours ou des pays étrangers.	Navires français se livrant au petit cabotage entre ports français et à la navigation fluviale; navires de tous pavillons entrés sur lest et repartant sur lest; le matériel naval de l'État.	Les navires de tous pavillons, à voiles ou à vapeur, attachés à une ligne périodique et entrant dans le port de Rouen, seulement pour y faire escale, y déposer ou y prendre une partie quelconque de leur chargement, ne sont passibles que du demi-droit, soit 27 centimes 1/2.
Honfleur.. ...	Décret du 15 septembre 1888.	La chambre de commerce de Honfleur.	0 30	Tout navire français et étranger entrant dans le port de Honfleur et venant de la grande pêche, des colonies françaises ou de l'étranger.	Les navires en simple relâche, lorsqu'ils ne feront aucune opération de commerce; les bateaux à vapeur faisant un service régulier et employés principalement au transport des passagers.	Le droit de tonnage de 0f 30c est réduit de moitié pour les navires ayant fait ou devant faire escale dans un autre port français, où est établi un droit local de tonnage, pour y effectuer le chargement ou le déchargement de marchandises à destination ou en provenance de l'étranger ou des colonies françaises.

I. — Droits de tonnage affectés aux travaux d'amélioration des ports. (Suite.)

DÉSIGNATION des ports.	DATES des lois ou décrets autorisant la perception des droits.	DÉSIGNATION des villes, départements ou chambres de commerce auxquels la perception est concédée.	QUOTITÉ des droits par tonneau de jauge.	DÉSIGNATION DES FRAPPÉS du droit de tonnage.	CATÉGORIES DE NAVIRES EXEMPTÉS du droit de tonnage.	OBSERVATIONS.
1	2	3	4	5	6	7
Trouville-Deauville.	Décret du 15 septembre 1888.	La chambre de commerce de Honfleur.	Navires entrant et sortant chargés, 0f 60. Navires entrant chargés et sortant sur lest ou entrant sur lest et sort^t chargés, 0f 50.	Navires français ou étrangers.	1° Les navires entrés en relâche; 2° Les navires entrant soit chargés, soit sur lest, et qui repartiraient sans avoir fait aucune opération commerciale; 3° Les navires ou les bateaux se livrant à la pêche côtière; 4° Les navires affectés au remorquage ou au pilotage; 5° Les navires se livrant à des opérations de cabotage entre ports français et ne rentrant pas d'ailleurs dans la catégorie des navires à voyageurs visés ci-contre; 6° Les bâtiments de toute nature appartenant à l'État ou employés à son service.	Les droits de 0f 60 et de 0f 50 sont réduits de moitié pour les navires entrant dans le port de Trouville-Deauville, après avoir fait ou avant de faire escale dans un autre port français où existe un droit local de tonnage, pour y effectuer le chargement ou le déchargement de marchandises en provenance ou à destination de l'étranger ou des colonies françaises. Ils seront réduits à 0f 30 pour les navires affectés à un service régulier de voyageurs comptant plus de huit départs par mois de Trouville-Deauville; cette réduction sera applicable lors même que ces navires transporteraient en même temps des marchandises.
Cherbourg....	Décret du 22 octobre 1880. Loi du 19 janvier 1885. Décret du 27 juillet 1888.	La chambre de commerce de Cherbourg.	0f 30	Navires entrant chargés ou venant prendre charge, quel que soit le port ou bassin dans lequel ils effectueront leurs opérations.	Bâtiments appartenant à l'État; bateaux se livrant au pilotage, au remorquage, au cabotage entre ports français, au bornage, à la grande et à la petite pêche; navires faisant exclusivement le transport des voyageurs; yachts ou bateaux de plaisance; navires entrés en relâche, à moins qu'ils ne se livrent à quelque opération de commerce; navires entrés sur lest et repartant sans avoir pris de chargement.	Ce droit est réduit à 0f 15 pour les navires jaugeant moins de 100 tonneaux, ainsi que pour les navires faisant un service régulier entre Cherbourg et un port étranger et non exclusivement affectés au transport des voyageurs. Cette réduction est étendue à tous les navires ayant fait ou devant faire escale dans un autre port français où est établi un droit local de tonnage, pour y effectuer le chargement ou le déchargement de marchandises à destination ou en provenance de l'étranger ou des colonies françaises.

DROITS DE TONNAGE ET TAXES DIVERSES DE NAVIGATION

DANS LES PORTS FRANÇAIS ET ALGÉRIENS. (Suite.)

I. — Droits de tonnage affectés aux travaux d'amélioration des ports. (Suite.)

DÉSIGNATION des ports. 1	DATES des lois ou décrets autorisant la perception des droits. 2	DÉSIGNATION des villes, départements ou chambres de commerce auxquels la perception est concédée. 3	QUOTITÉ des droits par tonneau de jauge. 4	DÉSIGNATION DES frappés du droit de tonnage. 5	CATÉGORIES DE NAVIRES EXEMPTÉS du droit de tonnage. 6	OBSERVATIONS. 7
Saint-Malo....	Décrets des 28 avril 1886 et 14 août 1887.	La chambre de commerce de Saint-Malo.	0f 25	Navires entrant chargés ou venant prendre charge dans les ports de Saint-Malo et Saint-Servan, y compris le port de Solidor.	1° Les navires de l'État; 2° Les navires affectés au pilotage, au bornage ou à la navigation de plaisance; 3° Les navires faisant le cabotage entre ports français; 4° Les navires armés pour les grandes pêches maritimes; 5° Les navires pratiquant la pêche côtière; 6° Les navires en relâche, à moins qu'ils ne se livrent à quelque opération de commerce; 7° Les navires entrés sur lest et repartant sans avoir pris de chargement.	Le droit de 0f 25 s'applique aux voiliers. Les vapeurs payent 0f 30; mais ce droit est réduit à 0f 10 pour les paquebots chargés ou non chargés qui font un service régulier de voyageurs.
Saint-Brieuc...	Décret du 10 avril 1885. Décret du 15 avril 1891.	La chambre de commerce de Saint-Brieuc.	0 40	Navires français ou étrangers entrant chargés ou venant prendre charge dans le port.	Les navires de l'État; ceux affectés au pilotage, à la navigation de plaisance, au cabotage entre ports français, à la pêche côtière; les navires entrés en relâche, à moins qu'ils ne se livrent à quelque opération de commerce; ceux entrés sur lest et repartant sans avoir pris de chargement.	
Paimpol......	Décrets des 15 janvier 1885 et 18 novembre 1889.	La ville de Paimpol.	0 30	Navires français ou étrangers venant de l'étranger, des colonies ou possessions françaises.	Idem.	Pour les navires affectés aux grandes pêches maritimes, le droit de tonnage est de 1 franc payable en une fois, à titre d'abonnement annuel.

DÉSIGNATION des PORTS. 1	DATES des LOIS OU DÉCRETS autorisant la perception des droits. 2	DÉSIGNATION DES VILLES, départements ou chambres de commerce auxquels la perception est concédée. 3	QUOTITÉ DES DROITS par tonneau de jauge. 4	DÉSIGNATION DES FRAPPÉS du droit de tonnage. 5	CATÉGORIES DE NAVIRES EXEMPTÉS du droit de tonnage. 6	OBSERVATIONS. 7
				I. — Droits de tonnage affectés aux travaux d'amélioration des ports. (Suite.)		
Morlaix......	Décret du 27 août 1887.	La chambre de commerce de Morlaix.	0ᶠ 20	Navires français ou étrangers entrant chargés ou venant prendre charge dans le port.	1° Les navires jaugeant moins de 30 tonneaux ; 2° Les navires appartenant à l'État ou employés à son service ; 3° Les navires affectés au pilotage, au bornage ou à la navigation de plaisance ; 4° Les navires entrés en relâche, à moins qu'ils ne se livrent à quelque opération de commerce ; 5° Les navires entrés sur lest et repartant sans avoir pris de chargement.	
Douarnenez...	Décret du 1ᵉʳ octobre 1891.	La ville de Douarnenez.	0 15	Navires entrant chargés dans le port de Port-Rhu ou venant y prendre charge.	1° Les navires jaugeant 25 tonneaux et au-dessous ; 2° Les navires appartenant à l'État ou employés à son service ; 3° Les navires affectés au pilotage et au remorquage ; 4° Les navires entrés en relâche, à moins qu'ils ne se livrent à quelque opération de commerce ; 5° Les navires entrés sur lest et repartant sur lest sans avoir pris de chargement.	

DROITS DE TONNAGE ET TAXES DIVERSES DE NAVIGATION DANS LES PORTS FRANÇAIS ET ALGÉRIENS. (Suite.)

DÉSIGNATION des ports.	DATES des lois ou décrets autorisant la perception des droits.	DÉSIGNATION des villes, départements ou chambres de commerce auxquels la perception est concédée.	QUOTITÉ des droits par tonneau de jauge.	DÉSIGNATION DES CATÉGORIES DE NAVIRES FRAPPÉS du droit de tonnage.	DÉSIGNATION DES CATÉGORIES DE NAVIRES EXEMPTÉS du droit de tonnage.	OBSERVATIONS.
1	2	3	4	5	6	7

I. — Droits de tonnage affectés aux travaux d'amélioration des ports. (Suite.)

DÉSIGNATION des ports.	DATES des lois ou décrets autorisant la perception des droits.	DÉSIGNATION des villes, départements ou chambres de commerce auxquels la perception est concédée.	QUOTITÉ des droits par tonneau de jauge.	FRAPPÉS du droit de tonnage.	EXEMPTÉS du droit de tonnage.
Saint-Nazaire.	Loi du 28 mars 1889 et décrets des 13 juin 1889 et 13 décembre 1889.	La chambre de commerce de Saint-Nazaire.	Voir le tableau ci-contre.	Tous navires français ou étrangers entrant en Loire pour faire des opérations de chargement, déchargement ou transbordement de marchandises, ou embarquer ou débarquer des voyageurs. (La zone de perception est limitée, à l'est, par un méridien placé à 2 kilomètres à l'est de la pointe de Mindin.)	1° Les navires à vapeur en provenance d'un port situé hors d'Europe et hors des mers méditerranéennes, qui auront déjà effectué au moins 3 voyages en Loire dans la même année, complée du 1ᵉʳ janvier au 31 décembre; 2° Les navires à voiles de même provenance qui auront déjà effectué au moins 2 voyages dans la même année; 3° Les navires en provenance d'un port d'Europe ou situé sur une des mers méditerranéennes, qui auront déjà effectué dans la même année au moins 20 voyages entre la Loire et les ports d'Europe ou des mers méditerranéennes, et qui auraient déjà, pour chaque voyage, payé la taxe entière de 0 fr. 50; 4° Les navires en relâche; 5° Les navires entrés sur lest et repartant sur lest; 6° Les navires entrant chargés et qui repartiraient sans avoir pris ou laissé aucune marchand˙ˢᵉ; 7° Les navires faisant le cabotage entre ports français; 8° Les nav. se livrant à la pêche côtière, au remorquage, au pilotage ou à la navigation intérieure; 9° Les bâtiments de toute nature appartenant à l'État ou employés à son service.

OBSERVATIONS.

N° d'ordre des tarifs.	DÉSIGNATION DES DROITS ET CONDITIONS D'APPLICATION.	SOMMES À PAYER par unité.
	Pour tout navire à vapeur en provenance d'un port situé hors d'Europe et hors des mers méditerranéennes :	
1	A. — Pour chacun des 2 premiers voyages effectués dans la même année du 1ᵉʳ janvier au 31 décembre..	0ᶠ 50
2	B. — Pour le 3ᵉ voyage..	0 25
	C. — Pour chaque voyage en sus du 3ᵉ (néant)............................	"
	Pour tout navire à voiles en provenance d'un port situé hors d'Europe et hors des mers méditerranéennes :	
3	A. — Pour chacun des 2 premiers voyages............................	0 50
	B. — Pour chaque voyage en sus du second (néant)........................	"
	Pour tout navire à voiles ou à vapeur en provenance d'un port d'Europe ou situé sur les mers méditerranéennes :	
4	A. — Pour chacun des 20 premiers voyages............................	0 50
	B. — Au delà de 20 voyages (néant)................................	"
	La taxe de 0 fr. 50 est réduite à 0 fr. 40 pour les navires dont la cargaison est composée pour les 4/5 au moins de bois et à 0 fr. 30 pour ceux dont la cargaison est composée pour les 4/5 au moins de charbon ou de minerai.	

Pour les navires à voiles ou à vapeur faisant l'intercourse entre la Loire et les ports d'Europe ou des mers méditerranéennes, des abonnements annuels pourront être accordés moyennant une taxe maxima de 8 francs par tonneau de jauge, payable d'avance et acquise dans tous les cas.

Tout navire faisant escale dans la Loire maritime, après avoir laissé ou avant de porter dans un autre port français, où est établi un droit local de tonnage, partie de sa cargaison provenant d'un port étranger ou des colonies françaises, ou pour continuer à destination de l'étranger ou des colonies françaises son chargement commencé dans un autre port français où est établi un droit local de tonnage, payera seulement les droits suivants, savoir :

1/4 des droits portés au tarif ci-dessus, si le navire ne débarque et n'embarque qu'un nombre total de tonneaux d'affrètement au plus égal à la moitié du nombre de tonneaux de jauge correspondant à sa jauge légale;

La moitié des droits, si le navire ne débarque et n'embarque qu'un nombre total de tonneaux d'affrètement ne dépassant pas les 3/4 du nombre de tonneaux de jauge correspondant à sa jauge légale;

La totalité des droits sera due si le navire débarque et embarque un nombre de tonneaux d'affrètement dépassant les 3/4 du nombre de tonneaux de jauge correspondant à sa jauge légale.

DÉSIGNATION des PORTS. 1	DATES des LOIS OU DÉCRETS autorisant la perception des droits. 2	DÉSIGNATION DES VILLES, départements ou chambres de commerce auxquels la perception est confiée. 3	QUOTITÉ DES DROITS par tonneau de jauge. 4	DÉSIGNATION DES FRAPPÉS du droit de tonnage. 5	CATÉGORIES DE NAVIRES — EXEMPTÉS du droit de tonnage. 6	OBSERVATIONS. 7

I. — Droits de tonnage affectés aux travaux d'amélioration des ports. (Suite.)

DÉSIGNATION des PORTS.	DATES	DÉSIGNATION DES VILLES	QUOTITÉ	DÉSIGNATION DES FRAPPÉS du droit de tonnage.	EXEMPTÉS du droit de tonnage.
Nantes......	Loi du 28 mars 1889 et décret du 23 juin 1891.	La chambre de commerce de Nantes.	Voir le tableau ci-contre.	Tous navires français ou étrangers entrant en Loire pour faire des opérations de chargement, de déchargement ou transbordement de marchandises, ou embarquer ou débarquer des voyageurs. (La zone de perception est limitée, à l'ouest, par un méridien placé à 2 kilomètres à l'est de la pointe de Mindin; elle s'étend, à l'est, jusqu'à l'extrémité amont du port de Nantes, sur le lit et les deux rives de la Loire).	1° Les navires à vapeur en provenance d'un port situé hors d'Europe et hors des mers méditerranéennes, qui auront déjà effectué au moins trois voyages en Loire dans la même année, comptée du 1er janvier au 31 décembre; 2° Les navires à voiles de même provenance qui auront déjà effectué au moins 2 voyages dans la même année; 3° Les navires en provenance d'un port d'Europe ou situé sur une des mers méditerranéennes, qui auront déjà effectué dans la même année au moins 20 voyages entre la Loire et les ports d'Europe ou des mers méditerranéennes; 4° Les navires en relâche; 5° Les navires entrés sur lest et repartant sur lest; 6° Les navires entrant chargés et qui repartiraient sans avoir pris ou laissé aucune marchandise; 7° Les navires faisant le cabotage entre ports français; 8° Les navires se livrant à la pêche côtière, au remorquage, au pilotage ou à la navigation intérieure; 9° Les bâtiments de toute nature appartenant à l'État ou employés à son service.

Le contenu de la colonne OBSERVATIONS :

N°s D'ORDRE du tarif.	DÉSIGNATION DES DROITS ET CONDITIONS D'APPLICATION.	SOMMES À PAYER par tonneau.
	Pour tout navire à vapeur en provenance d'un port situé hors d'Europe et hors des mers méditerranéennes :	
1	A. — Pour chacun des 2 premiers voyages effectués dans la même année du 1er janvier au 31 décembre (par tonneau de jauge).................	0f 50
2	B. — Pour le 3e voyage (par tonneau de jauge).................	0 25
	C — Pour chaque voyage en sus du 3e (néant).................	»
	Pour tout navire à voiles en provenance d'un port situé hors d'Europe et hors des mers méditerranéennes :	
3	A. — Pour chacun des 2 premiers voyages.................	0 50
	B. — Pour chaque voyage en sus du second (néant).................	»
	Pour tout navire à voiles ou à vapeur en provenance d'un port d'Europe ou situé sur les mers méditerranéennes :	
4	A. — Pour chacun des 10 premiers voyages.................	0 50
	B. — Au delà de 10 voyages (néant).................	»
	La taxe de 0f 50 est réduite à 0f 40 pour les navires dont la cargaison est composée pour les 4/5 au moins de bois ou de bois et de fer, et à 0f 30 pour ceux dont la cargaison est composée pour les 4/5 au moins de charbon, minerai, coaltar, brais, bitumes, scories de fer, de fonte ou d'acier.	

Pour les navires à voiles ou à vapeur faisant l'intercourse entre la Loire et les ports d'Europe ou des mers méditerranéennes, des abonnements annuels pourront être accordés moyennant une taxe maxima de 8 francs par tonneau de jauge, payable d'avance et acquise dans tous les cas.

Tout navire faisant escale dans la Loire maritime, après avoir laissé ou avant de porter dans un autre port français, où est établi un droit local de tonnage, partie de sa cargaison provenant d'un port étranger ou des colonies françaises, ou pour continuer à destination de l'étranger ou des colonies françaises son chargement commencé dans un autre port français où est établi un droit local de tonnage, payera seulement les droits suivants, savoir :

Un quart des droits portés au tarif ci-dessus, si le navire ne débarque et n'embarque qu'un nombre total de tonneaux d'affrètement au plus égal à la moitié du nombre de tonneaux de jauge correspondant à sa jauge légale ;

La moitié des droits, si le navire ne débarque et n'embarque qu'un nombre total de tonneaux d'affrètement ne dépassant pas les 3/4 du nombre de tonneaux de jauge correspondant à sa jauge légale ;

La totalité des droits sera due si le navire débarque et embarque un nombre de tonneaux d'affrètement dépassant les 3/4 du nombre de tonneaux de jauge correspondant à sa jauge légale.

DROITS DE TONNAGE ET TAXES DIVERSES DE NAVIGATION

DANS LES PORTS FRANÇAIS ET ALGÉRIENS. (Suite.)

I. — Droits de tonnage affectés aux travaux d'amélioration des ports. (Suite.)

DÉSIGNATION des ports. 1	DATES des lois ou décrets autorisent la perception des droits. 2	DÉSIGNATION des villes, départements ou chambres de commerce auxquels la perception est concédée. 3	QUOTITÉ des droits par tonneau de jauge. 4	DÉSIGNATION DES FRAPPÉS du droit de tonnage. 5	CATÉGORIES DE NAVIRES EXEMPTÉS du droit de tonnage. 6	OBSERVATIONS. 7
La Rochelle...	Décret du 19 octobre 1880... Loi du 14 août 1888.......	La chambre de commerce de la Rochelle........... La ville de la Rochelle...........	0ʳ 25	Navires entrant chargés ou venant prendre charge dans le port de la Rochelle et le nouveau port de la Pallice.	Navires se livrant à la petite pêche, au remorquage, au pilotage, au bornage et au cabotage entre ports français. Bâtiments de toute nature appartenant à l'État. Navires en simple relâche, ceux entrés et repartant sur lest.	En vertu du décret du 19 octobre 1880, le droit de tonnage de 0 fr. 25 était concédé à la chambre de commerce qui en reversait le montant à la caisse municipale. La loi du 14 août 1888 a fait disparaître l'intermédiaire de la chambre de commerce en concédant le droit de tonnage directement à la ville.
Rochefort....	Décret du 23 mai 1887........	La ville de Rochefort............	0 15	Navires entrant chargés ou venant prendre charge dans le port.	1° Les navires de l'État; 2° Les navires affectés au pilotage, au bornage ou à la navigation de plaisance; 3° Les navires faisant le cabotage entre ports français; 4° Les navires pratiquant la pêche côtière; 5° Les navires entrés en relâche, à moins qu'ils ne se livrent à quelque opération de commerce; 6° Les navires entrés sur lest et repartant sans avoir pris de chargement.	Le droit de tonnage est destiné, concurremment avec des prélèvements à opérer sur les revenus ordinaires de la ville, à couvrir les charges d'un emprunt de 460,000 francs, montant de la subvention fournie à l'État pour les travaux de construction du 3e bassin à flot. — Ce droit sera réduit à 0 fr. 10 lorsque le produit de la perception aura atteint 475,000 francs.
Bordeaux.....	Loi du 15 juillet 1885........	La chambre de commerce de Bordeaux...........	0 12	Navires français ou étrangers entrant chargés ou venant prendre charge dans le port.	Navires français se livrant à la pêche côtière, au petit cabotage, à la navigation intérieure, au remorquage; bateaux pilotes; bâtiments de toute nature appartenant à l'État ou employés à son service.	

DÉSIGNATION des ports. 1	DATES des lois ou décrets autorisant la perception des droits. 2	DÉSIGNATION des villes, départements ou chambres de commerce auxquels la perception est concédée. 3	QUOTITÉ des droits par tonneau de jauge. 4	DÉSIGNATION DES [frappés du droit de tonnage]. 5	CATÉGORIES DE NAVIRES [exemptés du droit de tonnage]. 6	OBSERVATIONS. 7

I. — Droits de tonnage affectés aux travaux d'amélioration des ports. (Suite.)

DÉSIGNATION des ports.	DATES des lois ou décrets.	DÉSIGNATION des villes.	QUOTITÉ des droits par tonneau de jauge.	DÉSIGNATION DES (frappés du droit de tonnage).	CATÉGORIES DE NAVIRES (exemptés du droit de tonnage).
Bordeaux..... (Suite.)	Loi du 2 août 1887	La chambre de commerce de Bordeaux.	Navire entrant chargé et sortant chargé, 0f 60; navire entré chargé et sortant sur lest, ou navire entré sur lest et sortant chargé, 0f 50; allège de transbordement, 0f 30.	Navires français ou étrangers entrant chargés ou venant prendre charge dans le port de Bordeaux; allèges de transbordement chargées entrant dans le port de Bordeaux avec marchandises qui proviennent de navires arrêtés en aval, ou sortant du port avec marchandises destinées à des navires arrêtés en aval, quand il s'agit de navires qui ne doivent pas remonter à Bordeaux, ou qui n'en sont pas partis.	Les navires entrant dans le port en relâche; les navires entrés dans le port sur lest et en repartant sur lest; les navires entrant chargés dans le port, qui en repartiraient sans avoir fait aucune opération commerciale; les navires ou bateaux se livrant à la pêche côtière, au cabotage entre ports français, à la navigation intérieure, au remorquage, au pilotage; les bâtiments de toute nature appartenant à l'État ou employés à son service; les navires naviguant au bornage, autres que les allèges de transbordement chargées; enfin les gabarres ou allèges employées soit à alléger en aval de Bordeaux des navires qui remontent ensuite jusqu'à Bordeaux, soit à compléter le chargement des navires qui, partis de Bordeaux, font escale dans les rades d'aval avant de prendre la mer, lesquels navires devront payer le droit de tonnage comme s'ils ne s'étaient pas allégés en aval ou comme s'ils étaient partis de Bordeaux avec la cargaison que leur ont portée les allèges.

OBSERVATIONS.

Les droits ci-contre concernant les navires s'appliquent au 1er, au 2e ou au 3e voyage effectué dans la même année, du 1er janvier au 31 décembre.

Lorsque le navire effectue plus de 3 voyages dans la même année, ces droits sont réduits ainsi qu'il suit :

	NAVIRE entré chargé et sortant chargé.	NAVIRE entré chargé et sortant sur lest, ou navire entré sur lest et sortant chargé.
Pour le 4e ou 5e voyage effectué dans la même année..	0f 50	0f 45
Pour le 6e voyage ou pour tout autre voyage ultérieur effectué dans la même année...............	0f 40	0f 40

DROITS DE TONNAGE ET TAXES DIVERSES DE NAVIGATION DANS LES PORTS FRANÇAIS ET ALGÉRIENS. (Suite.)

DÉSIGNATION des PORTS.	DATES des LOIS OU DÉCRETS autorisant la perception des droits.	DÉSIGNATION DES VILLES, départements ou chambres de commerce auxquels la perception est concédée.	QUOTITÉ DES DROITS par tonneau de jauge.	DÉSIGNATION DES CATÉGORIES DE NAVIRES FRAPPÉS du droit de tonnage.	DÉSIGNATION DES CATÉGORIES DE NAVIRES EXEMPTÉS du droit de tonnage.	OBSERVATIONS.
1	2	3	4	5	6	7
I. — Droits de tonnage affectés aux travaux d'amélioration des ports. (Suite.)						
Bayonne	Loi du 18 mars 1889.	La chambre de commerce de Bayonne	0f 15	Tout navire français ou étranger entrant chargé ou venant prendre charge dans le port.	Les navires appartenant à l'État ou employés à son service; les navires faisant simplement à Bayonne une opération de cabotage entre Bayonne et un port français; les navires affectés au pilotage ou au remorquage; les navires et bateaux naviguant au bornage ou faisant la pêche côtière; les bateaux de navigation intérieure; les navires en relâche forcée, quand ils n'auront fait dans le port aucune opération de commerce.	Tout navire faisant escale au port de Bayonne après avoir laissé ou avant de porter dans un autre port français, où est établi un droit local de tonnage, partie de sa cargaison provenant d'un port étranger, ou pour continuer à Bayonne, à destination de l'étranger, son chargement commencé dans un autre port français où est établi un droit local de tonnage, payera seulement les droits suivants, savoir : Si le navire ne débarque et n'embarque qu'un nombre de tonneaux d'affrètement au plus égal à la moitié du nombre de tonneaux de jauge correspondant à sa jauge légale, le quart de la taxe; Si le navire ne débarque et n'embarque qu'un nombre de tonneaux d'affrètement ne dépassant pas les 3/4 du nombre de tonneaux de jauge correspondant à sa jauge légale, la moitié de la taxe; Si le navire débarque et embarque un nombre de tonneaux d'affrètement dépassant les 3/4 du nombre de tonneaux de jauge correspondant à sa jauge légale, la totalité de la taxe.
Cette	Loi du 18 mars 1889.	La chambre de commerce de Cette.	Voir le tarif ci-contre.	Toutes les *marchandises* entrant ou sortant par mer.	Les marchandises ou objets quelconques appartenant à l'État ou destinés à son service en vertu de marchés passés par l'État.	*Tarif des taxes perçues.* Par colis, sur les marchandises en futailles, caisses, sacs ou autres emballages . 0f 10 Par 1,000 kilogrammes ou par mètre cube sur les marchandises en vrac...... 0 10 Par tête sur les animaux vivants ou abattus des espèces chevaline, bovine, ovine et porcine............. 0 10
ALGÉRIE.						
Oran	Loi du 2 août 1887.	La chambre de commerce d'Oran.	0f 35	Navires français ou étrangers entrant chargés ou venant prendre charge.	Navires se livrant à la pêche côtière, au cabotage entre les ports d'Algérie et au pilotage; les bâtiments de toute nature appartenant à l'État ou employés à son service.	Pour tout navire français ou étranger faisant simplement escale à Oran sans y laisser ou y prendre la totalité de son chargement, le droit de 0 fr. 35 par tonneau de jauge est remplacé par un droit de 0 fr. 35 par tonneau d'affrètement, applicable, d'une part, à celles des marchandises débarquées qui ne proviendraient pas d'un port d'Algérie où le navire aurait antérieurement touché; d'autre part, à celles des marchandises embarquées à Oran qui ne seraient pas destinées à l'un des ports de l'Algérie où le navire doit faire ultérieurement escale. Dans aucun cas, le montant des droits ainsi perçus sur un navire faisant escale ne devra être supérieur à la somme que aurait produite la taxe appliquée au tonnage de jauge dudit navire.
Arzew	Décret du 23 mai 1889.	La ville d'Arzew.	0 35	*Idem.*	1° Les navires faisant simplement relâche dans le port; 2° Les navires faisant le cabotage entre les ports du littoral algérien; 3° Les bâtiments de toute nature appartenant à l'État ou employés à son service; 4° Les navires se livrant à la pêche côtière, au remorquage ou au pilotage.	Le droit est réduit à 0 fr. 07 par tonneau de jauge en faveur des compagnies de navigation desservant le port par escales régulièrement et au moins une fois par semaine et dont les navires seront aménagés pour le service des voyageurs.

DROITS DE TONNAGE ET TAXES DIVERSES DE NAVIGATION DANS LES PORTS FRANÇAIS ET ALGÉRIENS. (Suite.)

DÉSIGNATION des ports.	DATES des lois ou décrets autorisant la perception des droits.	DÉSIGNATION des villes, départements ou chambres de commerce auxquels la perception est concédée.	QUOTITÉ des droits par tonneau de jauge.	DÉSIGNATION DES CATÉGORIES DE NAVIRES		OBSERVATIONS
				FRAPPÉS du droit de tonnage.	EXEMPTS du droit de tonnage.	
1	2	3	4	5	6	7
I. — Droits de tonnage affectés aux travaux d'amélioration des ports. (Fin.)						
Mostaganem.	Loi du 17 novembre 1888.	La ville de Mostaganem.	0f 50	Navires français ou étrangers entrant chargés ou venant prendre charge.	Navires se livrant à la pêche côtière, au cabotage entre les ports de l'Algérie et au pilotage ; les bâtiments de toute nature appartenant à l'État ou employés à son service.	Pour tout navire français ou étranger faisant simplement escale à Mostaganem sans y laisser ou y prendre la totalité de son chargement, le droit de 0 fr. 50 par tonneau de jauge est remplacé par un droit de 0 fr. 50 par tonneau d'affrètement, applicable, d'une part, à celles des marchandises débarquées qui ne proviendraient pas d'un port d'Algérie où le navire aurait antérieurement touché ; d'autre part, à celles des marchandises embarquées à Mostaganem qui ne seraient pas destinées à l'un des ports de l'Algérie où le navire doit faire ultérieurement escale. Dans aucun cas, le montant des droits ainsi perçus sur un navire faisant escale ne devra être supérieur à la somme qu'aurait produite la taxe appliquée au tonnage de jauge dudit navire.
Alger.	Décret du 27 août 1890.	La chambre de commerce d'Alger.	0 15	Idem.	Les navires faisant le cabotage entre les ports du littoral algérien ; les bâtiments de toute nature appartenant à l'État ou employés à son service ; les navires se livrant à la pêche côtière, au remorquage ou au pilotage.	Pour les navires faisant simplement escale à Alger, sans y prendre ou laisser la totalité de leur cargaison, le droit est réduit dans les conditions suivantes : Si le rapport entre la quantité des marchandises embarquées ou débarquées par le navire à son passage au port d'Alger, exprimé en tonneaux d'affrètement, et le nombre total de tonneaux de jauge correspondant à sa jauge légale est au plus égal à $1/16$, le navire payera le $1/16$ de la taxe calculée d'après son tonnage de jauge. Si le rapport est supérieur à $1/16$ et au plus égal à $1/8$, le navire payera $1/8$ de la taxe. — $1/8$ — $1/4$, — $1/4$ — — $1/4$ — $1/2$, — $1/2$ — — $1/2$ — $3/4$, — $3/4$ — — $3/4$ le navire payera la taxe entière.
Bône.	Lois des 31 juillet 1879 et 7 septembre 1885.	La chambre de commerce de Bône.	0 30	Idem.	Navires se livrant à la pêche côtière, au petit cabotage, à la navigation intérieure, au pilotage. Matériel naval de l'État.	
Philippeville.	Décret du 3 février 1890.	La chambre de commerce de Philippeville.	0 36	Navires français ou étrangers entrant chargés ou venant prendre charge dans les ports de Philippeville et de Stora.	1° Les navires en simple relâche ; 2° Les navires faisant le cabotage entre les ports de la côte algérienne ; 3° Les navires se livrant à la pêche côtière, au remorquage et au pilotage ; 4° Les bâtiments de toute nature appartenant à l'État ou employés à son service.	Le droit est réduit à 0 fr. 17 par tonneau de jauge pour les compagnies de navigation desservant les ports de Philippeville et de Stora régulièrement et au moins une fois par mois, et dont les navires seraient aménagés pour le service des voyageurs.

II. — Droits de tonnage affectés à l'établissement de l'outillage.

DÉSIGNATION des ports.	DATES des lois ou décrets autorisant la perception des droits.	DÉSIGNATION des villes, départements ou chambres de commerce auxquels la perception est concédée.	QUOTITÉ des droits par tonneau de jauge.	DÉSIGNATION DES FRAPPÉS du droit de tonnage.	CATÉGORIES DE NAVIRES EXEMPTÉS du droit de tonnage.	OBSERVATIONS.
1	2	3	4	5	6	7
Dunkerque...	Décret du 6 septembre 1888.	La chambre de commerce de Dunkerque.	0ᶠ 10	Tous les navires français et étrangers entrant dans le port.	Les navires appartenant à l'État ou employés à son service ; les yachts et embarcations de plaisance ; les bâtiments naviguant au bornage ou faisant la pêche côtière ; les bateaux de navigation intérieure ; tout navire de moins de 100 tonneaux de jauge légale faisant exclusivement une opération de cabotage entre Dunkerque et un port français de la mer du Nord, de la Manche et de l'Océan ; tout navire en relâche, à moins qu'il ne se livre à une opération de commerce ; tout navire entrant sur lest et reprenant la mer sans avoir fait dans le port aucune opération de commerce.	
Calais......	Décret du 3 octobre 1883.	La chambre de commerce de Calais.	0 15	Navires français et étrangers entrant chargés ou venant prendre charge.	Navires se livrant au cabotage entre ports français. Bateaux pilotes ou employés à la pêche côtière ou au remorquage. Bâtiments de toute nature appartenant à l'État ou employés à son service.	Le droit de 15 cent. est réduit à 4 cent. par tonneau de jauge pour les navires spécialement affectés au transport des voyageurs, alors même qu'ils auraient des marchandises à bord, pourvu que la quantité de marchandises mesurée en tonneaux d'affrètement ne dépasse pas le dixième de leur jauge légale.
Dieppe......	Décret du 19 février 1890.	La chambre de commerce de Dieppe.	0 04	*Idem.*	Les navires en simple relâche, lorsqu'ils ne feront aucune opération de commerce.	Le droit est réduit de moitié pour les navires ayant fait ou devant faire escale dans un autre port français, où est établi un droit local de tonnage, pour y effectuer le chargement ou le déchargement de marchandises à destination ou en provenance de l'étranger ou des colonies françaises.

DROITS DE TONNAGE ET TAXES DIVERSES DE NAVIGATION DANS LES PORTS FRANÇAIS ET ALGÉRIENS. (Suite.)

DÉSIGNATION des ports.	DATES des lois ou décrets autorisant la perception des droits.	DÉSIGNATION des villes, départements ou chambres de commerce auxquels la perception est concédée.	QUOTITÉ des droits par tonneau de jauge.	DÉSIGNATION DES — FRAPPÉS du droit de tonnage.	CATÉGORIES DE NAVIRES — EXEMPTÉS du droit de tonnage.	OBSERVATIONS.
1	2	3	4	5	6	7
				II. — Droits de tonnage affectés à l'établissement de l'outillage. (Suite.)		
Rouen......	Décret du 19 janv. 1886.	La chambre de commerce de Rouen.	0f 15	Navires français ou étrangers chargés ou venant prendre charge.	Navires de l'État; navires affectés au pilotage, au bornage, à la navigation de plaisance; navires faisant le cabotage entre ports français; navires affectés à la pêche; navires entrant en relâche, à moins qu'ils ne se livrent à quelque opération de commerce; navires entrant sur lest et repartant sans avoir pris de chargement autre que du charbon de terre; navires entrant avec un chargement composé pour les neuf dixièmes au moins de charbon de terre et repartant sur lest ou chargés de charbon.	
Honfleur.....	Décret du 15 sept. 1888.	La chambre de commerce de Honfleur.	0 15	Tout navire français ou étranger entrant dans le port de Honfleur et venant de la grande pêche, des colonies françaises ou de l'étranger.	Les navires en simple relâche, lorsqu'ils ne feront aucune opération de commerce; les bateaux à vapeur faisant un service régulier et employés principalement au transport des passagers.	Le droit de tonnage de 15 cent. est réduit de moitié pour les navires ayant fait ou devant faire escale dans un autre port français, où est établi un droit local de tonnage, pour y effectuer le chargement ou le déchargement de marchandise à destination ou en provenance de l'étranger ou des colonies françaises.

DROITS DE TONNAGE ET TAXES DIVERSES DE NAVIGATION

DANS LES PORTS FRANÇAIS ET ALGÉRIENS. (Fin.)

II. — Droits de tonnage affectés à l'établissement de l'outillage. (Fin.)

DÉSIGNATION DES PORTS. 1	DATES des LOIS OU DÉCRETS autorisant la perception des droits. 2	DÉSIGNATION DES VILLES, départements ou chambres de commerce auxquels la perception est concédée. 3	QUOTITÉ DES DROITS par tonneau de jauge. 4	DÉSIGNATION DES FRAPPÉS du droit de tonnage. 5	CATÉGORIES DE NAVIRES EXEMPTÉS du droit de tonnage. 6	OBSERVATIONS. 7
Caen........	Décret du 21 sept. 1888.	La chambre de commerce de Caen.	0ʳ 00	Navires français ou étrangers entrant chargés ou venant prendre charge au port de Caen, tant par le canal de Caen à la mer que par la rivière d'Orne.	1° Les bâtiments de toute nature appartenant à l'État ou employés à son service; 2° Les bateaux à vapeur faisant un service régulier entre les ports français et employés principalement au transport des passagers, pourvu que la quantité des marchandises qui pourrait se trouver sur chaque navire représente un nombre de tonneaux d'affrètement ne depassant pas le cinquième du nombre de tonneaux de jauge correspondant à sa jauge légale; 3° Les navires naviguant au bornage, les navires employés au pilotage ou à la pêche côtière; 4° Les navires en simple relâche, lorsqu'ils ne font aucune opération de commerce.	
Bayonne....	Loi du 21 juin 1838; ordonnance royale du 17 mars 1841; arrêtés ministériels du 24 mai 1851, 10 novemb. 1852, 5 nov. 1853, 19 janvier 1856, décret du 29 avril 1887.	La chambre de commerce de Bayonne.	0 30	Navires entrant dans le port ou en sortant.	Navires se livrant au cabotage entre ports français ou à la pêche côtière. Bateaux pilotes ou employés au remorquage; bâtiments de toute nature appartenant à l'État ou employés à son service.	Le droit est réduit à 5 cent. pour les navires sur lest. En outre, une réduction de moitié est accordée aux navires exclusivement affectés à un service régulier entre Bayonne et tout autre port.